Rechtliche Hinweise:

Dieses Buch ist urheberrechtlich geschützt. Es ist nur für den persönlichen Gebrauch bestimmt. Änderungen, Vertrieb, Verkauf, Nutzung, das Zitieren oder das Umschreiben eines Teils oder des gesamten Inhalts des Buchs ist ohne die Zustimmung des Autors oder des Urheberrechtsinhabers nicht gestattet. Bei Verstößen werden rechtliche Schritte eingeleitet.

Haftungsausschluss:

Bitte beachten Sie, dass die in diesem Dokument enthaltenen Informationen ausschließlich Bildungszwecken dienen. Obwohl alle Anstrengungen unternommen wurden, um genaue, aktuelle und zuverlässige Informationen bereitzustellen, werden keine Garantien jeglicher Art zum Ausdruck gebracht oder impliziert. Leser erkennen an, dass der Autor keine rechtliche, finanzielle oder professionelle Beratung erbringt. Durch das Lesen eines Dokuments erklärt sich der Leser damit einverstanden, dass wir in keinem Fall für direkte oder indirekte Verluste, die aufgrund der Verwendung von den in diesem Dokument enthaltenen Informationen, einschließlich - aber nicht beschränkt auf - Fehler, Auslassungen oder Ungenauigkeiten haften.

Herstellung und Verlag:
BoD - Books on Demand, Norderstedt
ISBN 978-3-7392-0418-5

Inhaltsverzeichnis

RECHTLICHE HINWEISE: 1

1. KAPITEL: EINFÜHRUNG 5

IST ES FÜR MARKEN GEEIGNET? 7
IST ES FÜR EINZELPERSONEN GEEIGNET? 7
IST ES FÜR KLEINE UNTERNEHMEN GEEIGNET? 8
DIE VORTEILE DES KURSES 9

ZWEITES KAPITEL: WIE SIE EIN PRODUKT ZUM VERMARKTEN FINDEN 10

1. SCHRITT: RECHERCHIEREN SIE IHRE ZIELGRUPPE 10
2. SCHRITT: WÄHLEN SIE EINE CLEVERE ART, EIN PRODUKT ZU FINDEN 11
3. SCHRITT: HALTEN SIE NACH KUNDEN AUSSCHAU, DIE EIN REGES INTERESSE ODER EIN ERNSTES PROBLEM HABEN 12
4. SCHRITT: DIE RICHTIGE PREISKLASSE 13
5. SCHRITT: WÄHLEN SIE ETWAS, DAS SCHWER ZU FINDEN IST 14
6. SCHRITT: WÄHLEN SIE EIN LANGLEBIGES PRODUKT 15
7. SCHRITT: FRAGEN SIE SICH, OB NACHFRAGE BESTEHT 15
8. SCHRITT: FRAGEN SIE SICH, OB ES BESTÄNDIG IST 16
9. SCHRITT: FRAGEN SIE SICH: SIND DIE PRODUKTE PHYSISCH? 17
10. SCHRITT: DIENSTE VERWENDEN, UM PRODUKTE ZU VERKAUFEN 18
11. SCHRITT: EFFEKTIV SEIN UND EFFEKTIVE PRODUKTE WÄHLEN 20

3. KAPITEL: ERFAHREN SIE, WIE SIE EINE FANPAGE UND EINE GRUPPE ERSTELLEN UND VIELE LIKES ERHALTEN 21

VIRALER EFFEKT VON SEITEN 22
BEWERBEN SIE IHRE SEITE FÜR LIKES 23
ERSTELLEN EINER FANPAGE 24
WAS IST EINE GRUPPE? 26

DAS ERSTELLEN EINER FACEBOOK-GRUPPE	27
APPS FÜR IHRE FANPAGE	28
WIE SIE IHRE GRUPPE BEWERBEN	29
KOSTENLOSER TRAFFIC MIT GRUPPEN UND SEITEN	30
WARUM IST DIESE ART VON TRAFFIC BESSER ALS COLD-TRAFFIC?	31
4. KAPITEL: LANGZEITSTRATEGIE FÜR FANPAGE-MONETARISIERUNG	**33**
1. SCHRITT: ERSTELLEN SIE IHRE SEITE VOLLSTÄNDIG	34
2. SCHRITT: ERSTELLEN SIE EINE BENUTZERDEFINIERTE SEITE	35
3. SCHRITT: IHREN FREUNDEN EMPFEHLEN	36
4. SCHRITT: WECKEN SIE DAS INTERESSE IHRER NUTZER	36
5. SCHRITT: BEFOLGEN SIE DIE RICHTLINIEN	38
6. SCHRITT: VERWENDEN SIE APPS, UM IHRE FANGEMEINDE AUFZUBAUEN	40
NUN ZUR MONETARISIERUNG	41
PRODUKTE DIREKT ÜBER FACEBOOK VERKAUFEN	42
VERWENDEN SIE WERBEANZEIGEN	44
VERWENDEN SIE JVZOO	45
VERWENDEN SIE DAS AMAZON-PARTNERPROGRAMM	46
BAUEN SIE EINE BEZIEHUNG AUF	47
OPTIMIEREN SIE IHRE FACEBOOK-SEITE FÜR MOBILE GERÄTE	48
VERWENDEN SIE DIE ZEITSENSIBILITÄT AUF KLUGE ART UND WEISE	49
5. KAPITEL: KOSTENLOSE METHODEN FÜR DEN AUFBAU EINES FOLLOW-UP	**50**
1. SCHRITT: DIE GUTE ALTMODISCHE ART UND WEISE	51
2. SCHRITT: WERBUNG AUF IHREN BLOGS	51
3. SCHRITT: FREUNDEN VORSCHLAGEN	52
4. SCHRITT: FOLGEN SIE ANDEREN SEITEN UND KOMMENTIEREN SIE MIT IHRER SEITE	53

5. SCHRITT: HOSTEN SIE FAN-WETTBEWERBE	54
6. SCHRITT: CROSS-POSTEN AUF SOCIAL MEDIA	56
7. SCHRITT: VERWENDEN SIE FOLLOW-FANPAGES	56
8. SCHRITT: NUTZEN SIE HASHTAGS ZU IHREM VORTEIL	58

6. KAPITEL: KOSTENPFLICHTIGE METHODEN, UM EINEN FOLLOW-UP AUFZUBAUEN — 59

SOCIAL LEAD FREAK	59
FB LEAD CHEF	60
EINEN MANAGER ENGAGIEREN	61

7. KAPITEL: WEITERE METHODEN ZUR MONETARISIERUNG 62

RECRUITING UND KLEINANZEIGEN	62
CROSS-SELLING UND VIRTUELLES MARKETING	63
TRANSAKTIONSGEBÜHREN	64
PREMIUM-ABONNEMENTS UND INHALT	65
AKTIONEN	66
STRATEGIEN KOMBINIEREN	67

8. KAPITEL: DIE NACHBEREITUNG — 68

LANGSAM BEGINNEN UND LANGSAM AUFBAUEN	69
SEIEN SIE GEDULDIG	70
ZIELE SETZEN	71
SEIEN SIE PROAKTIV UND GEBEN SIE NICHT AUF	72
UMGEBEN SIE SICH MIT GLEICHGESINNTEN	73
FINDEN SIE EINEN MENTOR	74
FAZIT	75

1. Kapitel: Einführung

Einen Internet-Marketing-Plan zu erstellen, der Geld scheffelt, ist ein Schritt-für-Schritt-Verfahren auf das Sie hinarbeiten müssen. Damit dieser Plan funktioniert, ist Zeit erforderlich und Sie müssen die richtigen Schritte befolgen, um das Beste aus Ihrem Geschäft herauszuholen. Sehr gezielter Traffic innerhalb der Facebook-Website kann Ihre Kosten pro Klick niedrig halten und Ihre Gewinne auf lange Sicht maximieren.

Mit Facebook Geld zu verdienen ist nicht so kompliziert, wie es klingt und es gibt viele Unternehmen, die mit dieser Methode bereits Geld verdienen. Es ist allerdings noch ziemlich neu und nur wenige Menschen kennen diese Geheimnisse, um Gewinne zu maximieren und Geld mit Facebook zu verdienen. Ihr erster Schritt ist es, eine Liste zu erstellen. Auf Ihrer Liste sollten Personen stehen, an die Sie vermarkten können, um Umsatz und Gewinne zu erzielen. Die Erstellung einer Liste bedeutet, dass Sie Ihren Namen bekannt machen und die Menschen nach ihren Daten bitten müssen. Eine Liste zu erstellen ist ein entscheidender Schritt damit jegliches Programm funktioniert. Ohne eine Liste von Personen, an die Sie vermarkten können, werden Sie bei der Nutzung von Facebook nicht den gewünschten Erfolg haben, um täglich eine Menge zu verdienen.

Als Nächstes müssen Sie Traffic auf Ihre Seiten lenken, damit das Interesse der Leute geweckt wird, diese auf Ihre Links klicken und Sie dadurch Geld verdienen können. Traffic zu bekommen ist der schwierigste Teil und erfordert Zeit. Sie müssen den Traffic-Flow stetig aufbauen, um Ergebnisse zu erzielen. Fangen Sie klein an. Beginnen Sie damit Ihre Freunde und Familie in Ihr neues Geschäft einzubinden. Bitten Sie sie, Ihre Seite zu „liken" (d.h. auf „gefällt mir" zu klicken) und sie werden dadurch wahrscheinlich das Interesse anderer Leute wecken. Traffic durch Mundpropaganda zu erzielen ist der erste Schritt. Danach werden Sie neue Leute aus dem Internet anziehen können, die Ihre Facebook-Seite durch Suchfunktionen gefunden haben.

Wenn Sie Ihren Traffic innerhalb von Facebook halten, können Sie Ihre Kosten pro Klick um bis zu 45 Prozent reduzieren. Das ist eine enorme Kostenreduzierung, die Ihnen beim Verkauf und Geldverdienen behilflich ist. Die steigenden Werbekosten auf Facebook machen das Geldverdienen für Menschen wie Sie schwieriger. Die Geheimnisse in diesem Kurs werden Ihnen jedoch dabei helfen, es entgegen aller Wahrscheinlichkeit zu schaffen und sich den ausgefuchsten Taktiken zu entziehen, die von Facebook implementiert wurden, um jegliche Bemühungen in Bezug auf Geldverdienen zu behindern.

Der Trick besteht darin, Ihre Werbeanzeige innerhalb von Facebook zu legen, anstatt diese an eine externe Quelle zu verlinken. Dadurch sind Sie sogar in der Lage Ihre Werbung auf Ihre Facebook-Seite umzuleiten, wo der ganze Zauber sich entfaltet. Durch diesen cleveren Marketing-Trick werden Sie die größtmögliche Menge an Geld verdienen. Facebook bietet mehr soziale Werbung als jede andere Social-Website. Dadurch werden Marketing-Kampagnen verstärkt und optimiert, durch die immense Anzahl an Benutzern und Klicks, die regelmäßig durch diese Website führen. Facebook-Werbung ist eine der besten Möglichkeiten, um Geld leicht und schnell zu verdienen, ohne dabei pleitezugehen.

Ist es für Marken geeignet?

Mit Blick auf die Konversionsmöglichkeiten können Sie entscheiden, ob Ihre Marke von dieser Methode profitieren kann. Meistens sind Konversionsraten gut genug, um Ihnen zu helfen, Traffic und Umsatz zu maximieren. Für Marken ist es ausreichend, wenn Sie es klug angehen und Ihre Marke ernsthaft vermarkten wollen, um die beste und effektivste Kampagne durchzuführen.

Ist es für Einzelpersonen geeignet?

Diese Art von Marketing ist besonders gut für Einzelpersonen geeignet, die ein neues Unternehmen verfolgen oder ihr aktuelles Internet-Marketing-Geschäft voranbringen möchten. Diese Methode hilft Ihnen dabei, Ihre Ideen zu erweitern und das Beste aus Ihren Marketingkompetenzen herauszuholen. Werbung und Marketing auf Facebook ist die einfachste Art und Weise, in der eine Person ihren Namen bekannt machen und sich etwas hinzuverdienen kann. Dennoch erfordert es harte Arbeit.

Ist es für kleine Unternehmen geeignet?

Diese Methode ist ebenso gut für kleine Unternehmen geeignet, wie für Marken und Einzelpersonen. Kleine Unternehmen können davon profitieren, dass sie Beachtung finden und sich einen Namen machen, wenn sie eine Seite oder eine Gruppe auf die Beine bringen. Kleine Unternehmen können auch damit beginnen, die Facebook-Monetisierung zu nutzen. Ihre Leistungen bezüglich Monetisierung könnten so dramatisch wachsen, dass Sie am Ende Ihr Unternehmen in ein größeres kleineres Unternehmen erweitern könnten.

Die Vorteile des Kurses

Dieser Kurs bietet diverse Vorteile. Sie erfahren, wie Sie eine starke Marketing-Kampagne auf Facebook erstellen. Hier sind einige der Vorteile, die Sie bei diesem Kurs erwarten:

- Sie werden erfahren, wie Sie ein Produkt zum Vermarkten finden.

- Sie lernen, warum bestimmte Themen und Nischen besser sind als andere.

- Sie erhalten solide Diagramme und Daten, die zeigen, warum bestimmte Dinge funktionieren und andere nicht.

- Sie erlangen Informationen zu Klickraten und Tipps zur Verbesserung Ihrer Klickrate (Englisch click-through rate oder abgekürzt CTR) während Sie gleichzeitig die Kosten pro Klick (Englisch cost per click, abgekürzt CPC) reduzieren.

- Es werden Ihnen umsetzbare Schritte für Höchstleistung und maximalen Nutzen übermittelt.

Zweites Kapitel: Wie Sie ein Produkt zum Vermarkten finden

Die Suche nach einem Produkt, das sich vermarkten lässt, ist der nächste schwierige Schritt. Sie müssen ein Produkt finden, das einen ergiebigen aber nicht übersättigten Markt hat. Eine Marktsättigung führt lediglich dazu, dass Sie Schwierigkeiten haben werden, in dem Markt Gewinne und Vorteile zu erhalten. Was Sie benötigen ist etwas, das sich einfach vermarkten lässt, mit dem Sie tonnenweise Traffic und Interesse generieren können und so eine Menge Geld verdienen werden. Es ist nicht so schwer, wie es scheint, aber ein Kinderspiel ist es trotzdem nicht.

1. Schritt: Recherchieren Sie Ihre Zielgruppe

Beginnen Sie mit einer ausgiebigen Marktforschung. Ihr Produkt sollte auf Ihre ideale Zielgruppe ausgerichtet sein. Wenn Sie in die Diät-Nische möchten, müssen Sie entscheiden, in welchem demografischen Aspekt dieser Nische Sie mitwirken möchten. Dies ist nur ein Beispiel. Diät, Akne und Muskelaufbau sind in der Regel übersättigte Märkte. Immobilienmärkte sind ebenfalls gesättigt. Sie sollten die perfekte Nische aufspüren, die vielleicht noch nicht sehr bekannt ist, aber großes Interesse wecken könnte und für Sie realisierbare Pläne bietet, Geld zu verdienen.

2. Schritt: Wählen Sie eine clevere Art, ein Produkt zu finden

Auf clevere Art und Weise ein geeignetes Produkt zum Verkaufen zu finden, ist der schnellste Weg, um aus Ihrem Geschäft das Gewünschte herauszuholen. Sie müssen versiert und in der Geschäftswelt gewieft sein, um das richtige Produkt in die Tasche zu bekommen und weiterzuverkaufen. Die alte Weisheit, dass man seine Leidenschaft verfolgen sollte, funktioniert einfach nicht für Internet-Marketing. Die bittere Wahrheit ist, dass Sie sehr viel Glück haben müssen, eine Marktnische zu finden, die auch Ihre Leidenschaft ist. Wenn Sie Ihr gewünschtes Produkt leidenschaftlich vermarkten können, dann sind Sie ein wahrer Glückspilz. Wenn Sie allerdings wie die meisten Menschen sind, werden Sie schnell feststellen, dass Sie nicht immer das bekommen können, was Sie wollen. Sie werden sich mit einem Produkt zufriedengeben müssen, das sich nicht nur wirksam verkaufen lässt, sondern dem Menschen auch nützlich ist. Ihr Publikum sollte das Produkt wirklich brauchen und daraus Nutzen ziehen. Ansonsten gäbe es wohl nicht viel zu verkaufen oder Personen, an die man verkaufen könnte, stimmt´s? Stimmt!

3. Schritt: Halten Sie nach Kunden Ausschau, die ein reges Interesse oder ein ernstes Problem haben

Während Sie zwar keine Leidenschaft verfolgen sollten, sollten Sie Kunden nachgehen, die eine Leidenschaft oder ein reges Interesse an einem Thema haben. Sie könnten Ihren Blick auch nach Kunden richten, die ein ernstes Problem haben. Ein Problem kann alles sein - von Pleite sein bis hin zur Notwendigkeit eines Heilmittels für chronische Candida. Kunden mit einem Interesse oder einer Leidenschaft oder mit einem Problem können Ihnen dabei helfen, das beste Produkt auf den Markt zu bringen. Sie sollten auch ähnliche Produktgruppen in Betracht ziehen. Es ist nicht empfehlenswert eine zu große Vielfalt zu vermarkten. Stattdessen macht es Sinn, Ihren Kunden eine Auswahl zu bieten, um ihre Probleme zu lösen. Jeder hat ein Problem, und wenn Sie die genaue Zielgruppe bestimmen können, die Sie anstreben, dann können Sie Ihr Produktmarketing ein wenig effektiver gestalten. Wenn Sie eine Lösung für ein Problem bieten, werden Sie eine faszinierte Kundenbasis haben, die zum Kaufen bereit ist. Wenn Sie etwas Interessantes im Zusammenhang mit einer Leidenschaft oder ein Interesse bieten, dann werden Sie eifrige Kunden haben, die ihr Interesse noch tiefer verfolgen wollen. Es ist für alle Beteiligten eine Win-win-Situation.

4. Schritt: Die richtige Preisklasse

Die richtige Preisklasse liegt unter 200 US-Dollar. Sie sollten kein Produkt verkaufen, das zu billig oder zu teuer ist. Mit einem zu teuren Produkt erzielen Sie nicht viele Verkäufe oder die Menschen könnten skeptischer sein als üblich. Ein Produkt im unteren Preissegment wird auch dazu führen, dass Kunden skeptisch sind und sich fragen werden, warum Sie etwas so billig verkaufen können und das Produkt dennoch funktionieren soll. Das Optimum liegt zwischen 50 $ und 200 $. Dieser Bereich ist der ideale Punkt für maximalen Gewinn und glaubwürdige Behauptungen, an die sich die Kunden klammern können und selbst nach dem ersten Kauf davon profitieren können. Höhere Preisklassen werden ebenfalls nicht empfohlen, da die Kunden eine hohe persönliche Aufmerksamkeit erwarten, die Sie möglicherweise nicht bieten können. Niedrigere Preise führen zu einem geringeren Bedarf an Kundenservice, Anfragen und persönlicher Aufmerksamkeit. Das bedeutet nicht, dass Sie Ihren Kunden keine Aufmerksamkeit schenken sollten, aber teurere Produkte verlangen eine zusätzliche Aufmerksamkeit, die die meisten Menschen nicht geben können.

5. Schritt: Wählen Sie etwas, das schwer zu finden ist

Wenn Sie etwas wählen, das schwierig aufzutreiben ist, dann werden Ihre Kunden noch mehr davon haben wollen. Schwer zu findende Produkte sind wertvoll und der erhöhte wahrgenommene Wert wird sicherstellen, dass Ihre Kunden immer wieder für mehr zurückkehren. Wenn Ihre Kunden einen Pizzaschneider wollen, so können sie diesen überall bekommen. Wenn sie aber eine Anleitung haben möchten, wie man Geld im Internet verdienen kann, dann müssen sie an einem sehr spezifischen Ort danach suchen.

Es ist empfehlenswert Ihren Kunden etwas Nützliches zu bieten, aber etwas, das anderswo nicht leicht erhältlich ist. Dadurch erhalten Sie die Möglichkeit, aus diesen Käufern Kunden fürs Leben zu machen. Die Suche nach dem perfekten Produkt oder einer Produktreihe kann sich als schwierig gestalten, wenn Sie jedoch fündig werden, haben Sie Glück. Es ist wahrscheinlicher, dass Kunden bei dem bleiben, was sie kennen. Und wenn sie wissen, dass Ihre Seite genau das Produkt bietet, das sie benötigen, werden sie eher Ihrem Unternehmen treu bleiben.

6. Schritt: Wählen Sie ein langlebiges Produkt

Am besten ist ein Produkt, das Bestand hat. Sie sollten Ihren Kunden wertvolle, relevante Informationen bieten, die auch zukünftig zur Verfügung stehen. Ihre Zeit und Mühe in etwas Vorübergehendes zu investieren ist für alle Beteiligten eine Verschwendung. Stattdessen sollten Sie sich darauf konzentrieren, in etwas zu investieren, das noch in ein paar Jahren vorhanden ist. Dadurch wird sichergestellt, dass Sie auch weiterhin damit Geld verdienen können, und zwar mit minimalem Aufwand bei der Produktaktualisierung. Natürlich werden einige Updates für das von Ihnen verkaufte Produkt notwendig sein, aber Sie sollten nicht jedes einzelne Quartal oder Jahr das gesamte Arbeitspensum überarbeiten müssen, um ein Produkt in exakter Weise zu verkaufen.

7. Schritt: Fragen Sie sich, ob Nachfrage besteht

Bei der Suche nach einem vermarktbaren Produkt müssen Sie wissen, ob danach erhebliche Nachfrage besteht. Der Keyword-Planer von Google ist ein hervorragendes Instrument, um die Nachfrage zu prüfen und zu erfahren, ob Ihre zukünftige Investition die Mühe wert ist. Wenn dies nicht der Fall ist, können Sie sich einem anderen Produkt zuwenden. Dieses Tool sollten Sie immer verwenden, um die Nachfrage, die Kosten pro Klick, sowie die potenziellen Einnahmen zu prüfen, die Sie nach Eingabe der Keywords erhalten. Der Keyword-Planer zeigt Ihnen zudem an, wie sehr ein Markt gesättigt ist. Tipps:

- Nutzen Sie die Funktion „genaue Übereinstimmung".

- Suchen Sie nach Keywords mit einer Menge von Long-Tail-Varianten, um die Vielfalt des von Ihnen verkauften Produkts sicherzustellen.

- Schauen Sie sich die regionalen Ergebnisse an. Globale Ergebnisse können zwar nützlich sein, aber sie werden viel weniger Cashflow einbringen, da weltweite Klicks und Verkäufe viel niedriger sein könnten als auf regionaler Ebene.

8. Schritt: Fragen Sie sich, ob es beständig ist

Die Beständigkeit ist ein wichtiger Bestandteil bei der Auswahl des richtigen Produkts. Wenn Sie Ihren Umsatz nicht konstant halten können, müssen Sie sich nach anderen Produkten umsehen, um Ihr Einkommen zu ergänzen und weiterhin dieselben Ziele zu erreichen. Dies stellt den kompliziertesten Teil von Allem dar, aber Sie benötigen etwas, das beständig ist. Das Produkt, das Sie vermarkten möchten, sollte beständig und durchweg profitabel sein, um die besten Ergebnisse zu erzielen. Wenn Ihnen eine Nische am Herzen liegt, die hohe Gewinnmargen aufweist, aber nicht beständig ist, so können Sie eine Risikobewertung durchführen und eine kurzlebige Verkaufsaktion in dieser Nische durchführen. Anfängern raten wir davon ab, allerdings kann eine Risikobewertung Ihnen bei der Umsetzung Ihrer Ziele helfen, ohne das aufgeben zu müssen, woran Sie wirkliches Interesse haben.

9. Schritt: Fragen Sie sich: Sind die Produkte physisch?

Physische Produkte sind keine Notwendigkeit, aber die Verwendung von Programmen wie dem Amazon Partnerprogramm (Amazon Affiliates) birgt einige Vorteile. Amazon-Produkte sind auf der ganzen Welt bekannt, es ist eine zuverlässige Fundgrube an Produkten, die für einen schnellen Umsatz und höhere Gewinne verkauft werden können. Sie können Produkte zum Verkaufen auswählen, die einen hohen Wert haben und Ihnen die größte Rendite für Ihre Zeit und Aufwand geben. Der Verkauf von physischen Produkten, die sie nicht verschiffen müssen, ist der einfachste Weg, um Geld mit minimalem Aufwand zu verdienen. Sie sollten keine Nische wählen, die nur ein Produkt bietet. Empfehlenswert ist eine Nische mit einer Vielfalt von Produkten, um Kunden zu locken. Sobald Sie Ihre Fähigkeiten vertieft haben, können Sie mehrere Nischen aussuchen, die eine riesige Produktpalette zum Promoten und Verkaufen haben. Das Amazon Partnerprogramm ermöglicht es Ihnen Kameras, Fernseher, Computer, Spielzeug, Gadgets, Beauty-Produkte und vieles mehr mit nur wenigen Klicks und einem simplen Interface zu verkaufen. Amazon legt Wert darauf, dass Kunden mit dem Produkt zufrieden sind, daher müssen Sie sich lediglich anmelden und Ihre Website registrieren - so einfach ist das!

10. Schritt: Dienste verwenden, um Produkte zu verkaufen

JVZoo ist ein ausgezeichneter Dienst, mit dem Sie Affiliate-Statistiken und Informationen einsehen können. Die Produkte, die JVZoo in seinem System umfasst, können Sie einfach auswählen und leicht verkaufen. Dieses System ist sehr vorteilhaft und ermöglicht Ihnen, mehr aus Ihrer Affiliate-Marketing-Kampagne herauszuholen. Die Plattform bietet eine sofortige Kommission und eignet sich daher hervorragend, um Ihre Zeit und Energie in die effektivst mögliche Kampagne zu investieren. Diese Verkaufsplattform kann wie keine andere Ihre Kampagnen überwachen und Sie werden überrascht sein, wie einfach es ist.

1. Schritt: Gehen Sie zu JVZoos Sektion „Find Affiliate Product". Dieser Abschnitt hilft Ihnen dabei, das perfekte

Affiliate-Produkt zum Anpreisen zu finden. Sie erhalten eine lange Liste von Produkten zur Auswahl. Wählen Sie die richtigen Faktoren, um sicherzustellen, dass Sie Produktinformationen erhalten, die Sie wirklich wollen.

2. Schritt: Finden Sie Produkte innerhalb Ihrer gewählten Nische, die hohe Konversionsraten haben. Das hilft Ihnen dabei, tatsächlich Produkte zu verkaufen. Niedrige Konversionsraten sind schlecht fürs Geschäft und führen zu weniger Verkäufen. Um mit dieser Art von Internetmarketing Erfolg zu haben, empfiehlt sich die höchstmögliche Konversionsrate.

3. Schritt: Beantragen Sie einen Affiliate-Link. Für diesen Antrag ist es erforderlich, dass Sie Ihre Daten eingeben und von JVZoo genehmigt werden. Nach einer kurzen Wartezeit, um eine Genehmigung zu erhalten, folgt der nächste Schritt.

4. Schritt: Nachdem Sie zugelassen wurden, können Sie Ihren Link promoten. Ihr Link kann überall innerhalb der von JVZoo festgelegten Orte beworben werden. Dazu gehören Facebook, Ihre Website oder Blog. Das Promoten der Produkte kann auf jede gewünschte Weise erfolgen, sofern es nicht gegen das Gesetz verstößt.

11. Schritt: Effektiv sein und effektive Produkte wählen

Die Vermarktung eines oder mehrerer Produkte erfordert, dass Sie effektiv sind und effektive Produkte wählen. Es ist wirklich so einfach. Sie müssen Produkte wählen, die relevant sind und von Menschen benötigt werden, die nach einem problemlösenden Produkt suchen oder nach etwas, das ihr Leben verbessert. Ohne diesen Nutzen wird es schwierig sein, Gewinne mit dieser Art von Vermarktung zu erzielen. Natürlich ist es nicht so schwierig, wie es scheint. Sie werden wirksame Produkte finden und mit genügend Aufwand und Motivation wird Ihre Kampagne effektiv sein und Sie an Ihr Ziel bringen.

3. Kapitel: Erfahren Sie, wie Sie eine Fanpage und eine Gruppe erstellen und viele Likes erhalten

Auf Facebook sind Seiten und Gruppen zwei verschiedene Dinge. Jedoch verwenden Facebook-Nutzer diese oft synonym. Sie sind allerdings sehr verschieden und es ist wichtig den Unterschied zu kennen, bevor Sie Ihre Zeit ausschließlich in einen von beiden investieren. Im Idealfall sollten Sie beide verwenden, um maximale Ergebnisse und Vorteile zu erhalten. Das Ziel sind viele Likes und Anhänger zu bekommen, da dies mehr Traffic bedeutet. Mehr Traffic führt zu mehr Leads. Mehr Leads können mehr Klicks bedeuten und zu mehr Umsatz führen. Es ist ein abgestufter Effekt, der Ihnen ermöglicht, täglich den höchstmöglichen Geldbetrag zu verdienen. Diese Likes und Anhänger zu bekommen ist wichtig und entscheidend für Ihren ultimativen Erfolg als Facebook-Vermarkter.

Für jede Firma, gemeinnützige Organisation, Einzelperson sowie für jedes Haustier, Produkt oder Geschäft kann eine Seite erstellt werden. Es kann also für so gut wie alles eine Seite kreiert werden und mit einer Seite können Sie Interesse wecken und Likes erhalten. Auf Facebook werden die Seiten allerdings stark überwacht und geregelt. Seiten erreichen nicht länger ständig ihr gesamtes Publikum. Dadurch entstehen einige Werbeprobleme. Wie sollen Sie etwas vermarkten, wenn Sie Ihr Publikum nicht erreichen können? Seiten haben den Vorteil, dass selbst wenn die Menschen nicht immer Ihre Seite ansehen, sie dennoch als Gesamtzahl der Likes auftauchen. Das bedeutet, dass Menschen, die Ihre Seite besuchen, sehen werden, dass Sie eine X-Menge an Fans haben und dadurch eher Vertrauen in Ihr Unternehmen entwickeln werden. Seiten ermöglichen es Ihnen Informationen für Ihre Fans zu posten, die diese im Laufe des Tages schnell und einfach lesen können, wenn sie auf Facebook eingeloggt sind. Anhand Ihrer Statistiken können Sie neue Likes, Interaktionen und vieles mehr nachverfolgen. Gruppen haben nicht alle diese Funktionen, aber Sie können exklusive und private Inhalte teilen und gleichzeitig die Privatsphäre der Nutzer in Ihrer Gruppe schützen.

Viraler Effekt von Seiten

Seiten haben einen viralen Effekt, dessen Sie sich möglicherweise nicht bewusst sind. Die Seiten können Beiträge, Links und andere Informationen teilen. Das Teilen ist es, was die virale Ebene kreiert, wodurch die Menschen Ihre Seite finden können. Es weckt auch ein Interesse an Ihrer Seite. Virales Teilen und Liken ist der schnellste und einfachste Weg, um die Aufmerksamkeit und das Interesse auf Ihre Seite zu lenken.

Bewerben Sie Ihre Seite für Likes

Ihre Seite für Likes zu bewerben ist der Schlüssel zum Erfolg. Sie können das durch Anzeigen erzielen oder auch Freunde und Familie bewerben und virales Marketing nutzen, um Ihre Seite einfach und schnell bekannt zu machen. Werbung für Likes ist der beste Weg, um sicherzustellen, dass Sie die Anzahl der Likes maximieren, die Sie durch Ihre Seite bekommen sollten. Im späteren Verlauf des Kurses ist ein riesiger Abschnitt dem Thema gewidmet, wie Sie eine stärkere Fangemeinde aufbauen. Der Abschnitt wird Sie tiefer in die Materie einführen. Tipps, wie Sie Ihre Seite bewerben können:

- Posten Sie darüber auf Twitter

- Posten Sie darüber auf Ihrem Blog/ bieten Sie ein Blog ähnliches Feld

- Verwenden Sie Anzeigen, um Likes zu erhalten

- Nutzen Sie Mundpropaganda

- Teilen Sie oft

Erstellen einer Fanpage

Sie können mit Ihrer aktuellen Facebook-Seite eine Fanpage beginnen. Gehen Sie folgendermaßen vor, um in kürzester Zeit eine neue Fanseite in Gang zu bringen:

Erster Schritt: Loggen Sie sich bei Facebook aus und gehen Sie auf die Startseite der Website. Auf der unteren rechten Seite finden Sie einen Link, der sagt „Erstelle eine Seite für eine Berühmtheit, eine Band oder ein Unternehmen."

Zweiter Schritt: Wählen Sie die Art von Seite aus, die Sie beginnen möchten. Zu Ihren Optionen zählen lokales Geschäft oder Ort; Unternehmen, Organisation oder Einrichtung; Marke oder Produkt; Künstler, Band oder eine Persönlichkeit des öffentlichen Lebens; Unterhaltung; Sache oder Gemeinde. Ihre Seite könnte unter eine Persönlichkeit des öffentlichen Lebens, ein Unternehmen, ein lokales Geschäft, ein Produkt oder eine Marke fallen. Wählen Sie die Seite, die für Sie am relevantesten ist. Facebook kann Sie für die Erstellung einer Seite sperren, die nicht unter die richtige Kategorie fällt.

Dritter Schritt: Wenn Sie Ihre Kategorie gewählt haben, werden Sie aufgefordert, eine Unterkategorie zu wählen. Für optimale Ergebnisse platzieren diese Kategorien Ihre Seite ganz spezifisch in eine sehr zielgerichtete Nische. Sie müssen diejenige wählen, die am meisten Ihrer Seite entspricht.

Anschließend können Sie sich einen permanenten Seitennamen ausdenken und loslegen. Sie haben dann die Möglichkeit sich bei Facebook mit Ihrem primären Konto anzumelden oder eine komplett neue Geschäftsseite zu erstellen. Je nachdem, wie professionell Sie sein wollen, sollten Sie den Weg einschlagen, eine neue Seite zu erstellen.

Vierter Schritt: Eingabe aller von Facebook verlangten Informationen. Füllen Sie Ihre Geschäftsangaben gründlich aus. Sie haben die Möglichkeit, Fotos hinzuzufügen, was Sie auch sofort tun sollten.

Fünfter Schritt: Veröffentlichen Sie Ihre Fanpage. Stellen Sie sicher, dass Ihre Seite gerüstet ist, um der Öffentlichkeit präsentiert zu werden. Sobald es live geschaltet wird, werden andere Menschen in der Lage sein, Ihre Seite zu finden.

Sechster Schritt: Beginnen Sie nun damit Ihre Freunde einzuladen, Ihre Seite zu liken (d.h. mit „Gefällt mir" zu markieren) und Beiträge zu posten.

Siebter Schritt: Sie haben erfolgreich eine Facebook-Fanpage erstellt und können jetzt beginnen, Geld damit zu verdienen!

Was ist eine Gruppe?

Eine Facebook-Gruppe ist für eine exklusive Anzahl von Personen bestimmt und nur bestimmte Menschen können beitreten. Für Gruppen gibt es eine Reihe von verschiedenen Einstellungen. Gruppen können eine der folgenden Einstellungen haben:

- Vollkommen geheim und geschlossen – Es ermöglicht den Moderatoren nur bestimmte Leute einzuladen.

- Geheim – Es ermöglicht jedem Mitglied Personen einzuladen.

- Geschlossen – Sichtbar aber Leute haben die Möglichkeit einen Gruppenbeitritt zu beantragen.

- Öffentlich - Jeder kann die Posts sehen und jeder kann mit Zustimmung beitreten.

- Automatische Beitrittsfunktionen sind ebenfalls implementiert, sodass jeder der Gruppe beitreten kann.

Den Weg, den Sie mit Ihrer Gruppe einschlagen, ist ganz Ihnen überlassen. Es empfiehlt sich, eine geschlossene Gruppe zu bieten, wo Moderatoren Mitglieder genehmigen. Dies schafft eine sichere und vernünftige Umgebung, in der User das Gefühl haben, dass ihre Informationen und ihre Posts geschützt sind. Geheime Gruppen sind großartig, wenn

Sie erlauben möchten, dass bestimmte Fans Zugang zu exklusivem Inhalt, Vertrieb und Aktionen erhalten. Sie können ein Spiel aus den Gruppen machen, um zu erkennen, wie effektiv sie tatsächlich sein können. Im Gegensatz zu den Facebook-Seiten werden die Leute immer sehen können, was in einer Gruppe gepostet wird, es sei denn, deren Einstellungen sind so eingestellt, dass die Gruppe nicht an der Spitze in den Favoriten erscheint. Bevorzugte Gruppen erhalten Priorität und die User können Benachrichtigungen steuern. Sie können Ihre Gruppenmitglieder darum bitten, die Benachrichtigungsfunktion einzuschalten und Sie können sie zudem darum bitten, dass sie die Gruppe an die Spitze ihrer Gruppen-Favoriten-Liste setzen. Dadurch wird sichergestellt, dass Ihre Gruppe stets Priorität vor anderen Gruppen erhält. Um die meisten Vorteile zu erhalten, sollten Sie Gruppen und Seiten zusammen nutzen. Dadurch können Sie die Vorteile Ihres Gesamterfolgs und Gewinne als Facebook-Vermarkter multiplizieren und maximieren.

Das Erstellen einer Facebook-Gruppe

Erster Schritt: Loggen Sie sich in Ihr primäres Konto ein, das Sie für geschäftliche Zwecke verwenden. Links auf Ihrer Seite sehen Sie den Abschnitt „Gruppen". Unter diesem Abschnitt finden Sie den Link „Gruppe erstellen." Klicken Sie auf den Link, um mit dem Vorgang zu beginnen.

Zweiter Schritt: Es erscheint ein Informationsfenster, das Sie auffordert, den Namen der Gruppe, die Mitglieder die Sie hinzufügen möchten und die Privatsphäre-Einstellungen einzugeben. Wenn Sie eine öffentliche Gruppe wählen, wird jeder die Gruppe sehen können, wer in der Gruppe Mitglied ist und welche Mitglieder posten. Bei einer geschlossenen Gruppe kann jeder die Gruppe sehen und erkennen wer der Gruppe angehört, aber nur Mitglieder können die Beiträge sehen. Geheime Gruppen sind nur für Mitglieder sichtbar und nur Mitglieder können sehen, wer der Gruppe angehört und was Mitglieder posten. Die Standardeinstellung und empfohlene Option ist die Geschlossene Gruppe. Die Leute sollten neugierig sein und beantragen der Gruppe beizutreten. Bei einer geheimen Gruppe ist dies nicht möglich. Wenn die Gruppe öffentlich ist, können Leute dieser Gruppe beiwohnen ohne mitzumachen und es zerstört zudem die Privatsphäre Ihrer Gruppe.

Dritter Schritt: Klicken Sie auf die Schaltfläche „Erstellen" und fertig! Sie können nun sofort damit beginnen, Links und Dokumente zu posten sowie andere Informationen, die Sie Ihre Mitglieder wissen lassen wollen.

Apps für Ihre Fanpage

Kundenspezifische Apps für Ihre Fanpage können eine großartige Möglichkeit darstellen, die User an Ihrer Seite zu beteiligen. Diese kundenspezifischen Applikationen können variieren, von Apps als Werbegeschenk bis hin zu Apps, die Fans dabei helfen, enger mit Ihrer Seite zu kommunizieren. Eine benutzerdefinierte App zu erhalten, erfordert viel Arbeit und das Know-how eines Entwicklers aber sie können von Vorteil sein. Einige der beliebtesten Facebook-Seiten nutzen benutzerdefinierte Applikationen, die ein sehr viel intensiveres Erlebnis und Vielfalt bieten.

Wie Sie Ihre Gruppe bewerben

Eine Gruppe zu bewerben ist viel einfacher, als eine Seite zu bewerben. Sie können ganz einfach damit beginnen, Leute einzuladen und diese werden Ihrer Einladung entweder folgen oder diese ablehnen. Dadurch können Sie Ihr Publikum und Ihre Zielgruppe enger steuern, im Gegensatz zu den typischen Page-Likes. Dies ist eine hervorragende Möglichkeit, Ihre Gruppen, Ihre Zielgruppe und Ihre Kunden zu verwalten. Es gibt keine Anzeigensysteme, um Gruppen zu bewerben, daher müssen Sie auf eine private Weise werben. Das ist eine gute Sache, da es Ihnen erlaubt, Ihr Publikum in einer ganz bestimmten Art und Weise zu steuern. Diese Methode ist ideal, um Ihr Publikum auf eine solche Weise zu beeinflussen, die Ihren speziellen Bedürfnissen dient.

Kostenloser Traffic mit Gruppen und Seiten

Wenn Sie es richtig angehen, können Gruppen und Seiten eine Menge kostenlosen Traffic bieten. Wenn Sie über diese Medien werben, erhalten Sie Traffic auf das Verlinkte. Egal auf was Sie verlinken, Sie werden wahrscheinlich den richtigen Traffic bekommen, um Umsatz zu generieren und andere zusätzliche Vergünstigungen zu erhalten.

Wenn Sie eine Fanpage beginnen, lenken Sie eine konzentrierte Zielgruppe auf Ihre Website. Sie erhalten die Menschen, die Sie wollen direkt dort, wo Sie sie haben wollen, ohne sie zu drängen oder übermäßig zu fordern. Sie erzielen es legal, sicher und schnell. Dieser Traffic wird dann an einen von Ihnen gewählten Ort geschoben. Wenn dieser Traffic dann von Facebook nach außen geschoben wird, erhalten Sie Hunderte, wenn nicht Tausende von Seitenaufrufen und Affiliate-Link-Ansichten, die Sie sonst nicht bekommen würden. Zudem werden Ihre Informationen von genau der gewünschten Zielgruppe abgerufen. Dieser sehr gezielte Traffic wird sich eher in höhere Verkäufe verwandeln, wodurch Sie mehr Geld verdienen werden.

Warum ist diese Art von Traffic besser als Cold-Traffic?

Cold-Traffic lässt sich nicht gut registrieren und es wirft nicht immer die Gewinne oder Umsätze ab, die Sie sich wünschen. Diese Art des kostenlosen Traffics bleibt innerhalb Facebook, kann Ihre viralen Statistiken steigern und es kann Ihnen viel mehr Umsatz einbringen, als Sie erwartet haben. Diese Konversionen zu erhalten sollte Ihre Priorität sein. Gezielter Facebook-Traffic mit Facebook-Marketing funktioniert einfach. Hier sind einige Tipps, um Sie auf den richtigen Weg zu führen:

- Bauen Sie Ihr Facebook-Profil auf, um Ihr Unternehmen widerzuspiegeln.

- Fügen Sie Links zu Ihren Websites hinzu, die zurück zu Ihren Facebook-Seiten führen.

- Bleiben Sie aktiv, damit Ihr Traffic und Interesse auch weiterhin vorteilhaft für Sie sind.

- Posten Sie oft, damit User etwas haben, wonach sie suchen können. Autorisierte Links von Facebook, die zu Ihrer Website führen, schlagen stets Cold-Traffic, da diese von Suchmaschinen bevorzugt werden.

- Halten Sie Ihre Inhalte aktualisiert und moderiert, sodass es immer aktuell ist.

- Bieten Sie Incentives, damit Ihr Traffic-Flow weiterhin reibungslos läuft. Durch Incentives bleiben die Menschen interessiert und es ist besser, als gar nichts anzubieten. Menschen werden von Incentives angezogen.

Nicht jeder Traffic ist vorteilhaft. Sie sind vielleicht begeistert, wenn Sie 1.000 Seitenaufrufe an einem Tag sehen, wenn dieser Traffic jedoch nicht relevant ist, lassen Sie sich eine Menge Potenzial entgehen. Cold-Traffic führt oft zu Dead Leads. Diese Sackgassen bescheren Ihnen kein Geld und sie erhalten nicht die Rendite, die Sie sich für Ihre Seiten wünschen. Kostenloser Facebook-Traffic ist besser, da es auf einen Punkt ausgerichtet ist und es wahrscheinlich viele Leute gibt, die tatsächlich an Ihrer Dienstleistung, Produkt oder was immer Sie auch vermarkten, interessiert sind. Mit dieser Methode erreichen Sie die Menschen wo und wann Sie wollen. Dies stellt einen riesigen Vorteil dar, anstatt lediglich zu erwarten, dass Ihre Seiten und Links Traffic generieren, der sich stark konvertiert. Warnung: Seien Sie vorsichtig, wenn Ihre Konversionsrate sehr hoch ist, denn Sie können in diesem Fall von Affiliate-Programmen und Anzeigen gesperrt werden. Für Webcrawler sieht es verdächtig aus, wenn die Konversionsrate zu hoch ist, da es unnatürlich ist, dass Menschen ihre gewünschte Zielgruppe so leicht bekommen!

4. Kapitel: Langzeitstrategie für Fanpage- Monetarisierung

Sie brauchen eine langfristige Strategie für die Fanpage-Monetarisierung. Mit Ihrer Fanpage Geld zu verdienen erfordert Zeit, Engagement und viel Energie. Es gehört zwar nicht zu den einfachsten Aufgaben der Welt, aber wenn Sie den Stein erst einmal ins Rollen gebracht haben, bietet es exzellente Gewinne. Der häufigste Fehler, den Menschen bei der Entwicklung von Monetarisierungsplänen für Facebook-Seiten machen, ist, dass sie nicht langfristig planen. Wenn Sie nicht langfristig planen, resultieren daraus die folgenden Probleme für Ihr Unternehmen:

1. Ihr Unternehmen entwickelt schnelles Interesse, das jedoch auch wieder rapide abnimmt.

2. Der Umsatz Ihres Unternehmens leidet, nachdem der Höchstwert erreicht wird.

3. Ihr Unternehmen wird nicht länger als eine angesehene und maßgebliche Quelle erachtet.

4. Ihr Unternehmen kommt auf Social Media schließlich zum Stillstand und Sie stehen ohne Monetarisierungsmethode und ohne Methode zur Verstärkung Ihres Unternehmenspotenzials dar.

Wenn Sie auf intelligente Weise planen, können Sie diese ganzen Probleme vermeiden. Beginnen Sie, indem Sie einen soliden Plan entwickeln, der zunächst einem Hauptplan für die Erstellung Ihrer Seite folgt. Nachdem Sie Ihre Seite erstellt haben, können Sie zur Monetarisierung übergehen.

1. Schritt: Erstellen Sie Ihre Seite vollständig

Es ist wichtig, alle Details auf Ihrer Seite auszufüllen, um die Vorteile zu nutzen. Achten Sie darauf sämtliche Kontaktinformationen, Beschreibungen, relevanten Informationen und gegebenenfalls zusätzliche Kontaktinformationen und Adressen zu erfassen. Es frustriert Fans, wenn sie keine Möglichkeit haben ein Unternehmen auf Facebook auf einfache Art zu kontaktieren. Aus diesem Grund ist es sehr wichtig, diese Informationen auszufüllen. Sie sollten stets darauf achten, sämtliche Informationen vollständig auszufüllen. Es ist empfehlenswert auch Bilder zu nutzen. Verwenden Sie Bilder von Produkten, von sich selbst – wenn Sie denn mögen -, und weitere relevante Fotos. Dies verschafft Ihrem Unternehmen einen Wiedererkennungswert und Website-Besucher erhalten einen realistischen Einblick. Eine Seite ohne Bilder wird oft als gefälschter Blindtext gesehen und das kann negative Auswirkungen auf Ihre allgemeine Erfahrung und Gewinne haben.

2. Schritt: Erstellen Sie eine benutzerdefinierte Seite

Es braucht manchmal nur eine schöne und benutzerdefinierte Landingpage, damit Ihr Geschäft floriert. Die erfolgreichsten Unternehmen haben eine benutzerdefinierte Facebook-Seite, die komplett mit Grafiken und Illustrationen geschmückt ist und dadurch heraussticht. Benutzerdefinierte Landingpages sind etwas Neues und Facebook beginnt gerade erst damit, diese in vollem Umfang zu unterstützen. Sobald Sie eine solche Seite Ihr eigen nennen können, werden Sie den Unterschied anhand der schnellen und einfachen Konversion von Internetnutzern zu Fans erkennen. Eine benutzerdefinierte Seite könnte Sie etwas im Voraus kosten, wenn Sie diese nicht selber erstellen können, aber es ist eine Unternehmensinvestition, die sich lohnt.

Benutzerdefinierte Seiten umfassen Sondertasten, Promotionen, Logos, Grafiken und Design, die Ihre Seite herausstechen lassen. Diese Landingpages ermöglichen es den Internetnutzern mit wenigen Klicks dort zu landen, wo sie hinmöchten. Es ist nicht nur attraktiv, sondern kann auch Ihren Umsatz und Ihre Konversionsraten erhöhen.

3. Schritt: Ihren Freunden empfehlen

Ihren Freunden und deren Freunde Ihre Facebook-Seite vorzuschlagen, ist der beste Weg, um Ihre Seite wachsen zu lassen. Die Vorschläge sind nach oben begrenzt aber es ist weniger aufdringlich als andere Methoden, um neue Likes zu erhalten. Wenn es echte Freunde sind, werden sie verstehen, dass Sie Hilfe benötigen, und werden auf Ihrer Seite auf „Gefällt mir" klicken. Einige der größten Facebook-Fanpages haben mit dieser Methode Erfolg gehabt und es kann auch bei Ihnen funktionieren. Nutzen Sie Ihr Limit jeden Tag aus und schlagen Sie es Ihren Freunden so lange vor, bis Sie alles ausgeschöpft haben.

4. Schritt: Wecken Sie das Interesse Ihrer Nutzer

Der beste Weg, um Ihre Besucher zu halten, ist, ihr Interesse zu wecken, damit sie Werbung anklicken und Traffic für Sie generieren. Wenn Sie Ihre Besucher nicht genügend fesseln, werden Sie wahrscheinlich einen Mangel an Gesprächen oder Likes feststellen. Aktivität wird schleppend verlaufen. Hier sind einige Tipps, wie Sie Internetnutzer auf Ihrer Seite in ihren Bann ziehen können:

- Stellen Sie Fragen am Ende Ihrer Posts.

- Posten Sie lockende Aufgaben, wenn es für Ihr Unternehmen relevant ist. Bitten Sie Ihre Nutzer darum, Bilder von sich selbst zu posten, auf denen sie mit Ihren Produkten posieren oder Bewertungen abzugeben.

- Bieten Sie auf Ihrer Seite Spiele an.

- Lösen Sie ein wenig Kontroverse aus. Seien Sie vorsichtig, dass Sie nicht Partei ergreifen. Sorgen Sie einfach dafür, dass Ihre Nutzer miteinander reden. Achten Sie darauf, Ihre Nutzer zu mäßigen, wenn sie außer Kontrolle geraten sollten. Ihre Seite sollte eine freundliche Umgebung darstellen!

- Teilen Sie interessante und neue Informationen.

- Seien Sie freundlich.

- Sprechen Sie Ihre Nutzer in Kommentaren an und antworten Sie Ihren Besuchern.

- Fügen Sie Videos hinzu.

- Verwenden Sie Bilder und schreiben Sie diese wo erforderlich dem Urheber zu.

- Geben Sie gegebenenfalls die Quelle an.

- Posten Sie brandneue Nachrichten, wenn diese relevant sind.

Die oben genannten Möglichkeiten sind nur ein paar Ideen, um Internetnutzer für Ihre Seite zu begeistern aber es gibt noch dutzende von anderen Ideen. Seien Sie kreativ und lassen Sie Ihre Kreativität durchscheinen. Nutzen Sie Ihre Facebook-Erfahrung so gut wie möglich.

5. Schritt: Befolgen Sie die Richtlinien

Es ist wichtig, dass Ihre Facebook-Fanpage alle erforderlichen Richtlinien für die Anwendung befolgt. Wenn Sie gegen diese Regeln verstoßen, riskieren Sie, dass Ihre Seite gesperrt wird. Es lohnt sich, die Richtlinien für die Fanpages in aller Ruhe zu lesen, bevor Sie sich intensiv mit Ihrer Seite beschäftigen. Dadurch verhindern Sie eine mögliche Sperrung, die die Rahmenbedingungen für Ihre Geschäftstätigkeit ruinieren könnte, an deren Aufbau Sie so hart gearbeitet haben.

Es gibt Abertausende von erfolgreichen Seiten, die die Regeln gebrochen haben und ihre Privilegien verloren haben. Facebook erteilt den Nutzern zunächst eine Warnung und kürzt für ein paar Tage bestimmte Vorteile einer Seite.

Sie sollten vermeiden, dass Ihnen das widerfährt. Es kann die Möglichkeit mit Facebook Geld zu verdienen schwer beeinträchtigen. Befolgen Sie die Richtlinien genau.

Regeln, die Sie NIEMALS auf Ihrer Seite verletzen sollten:

- Posten Sie keine rassistischen, homophoben oder sexistischen Inhalte.

- Posten Sie keine pornografischen Inhalte oder etwas, das als pornografisch aufgefasst werden kann.

- Melden Sie jeden Missbrauch der Website, den Sie bemerken. Sie könnten Schwierigkeiten bekommen, wenn Sie dies nicht tun.

- Halten Sie Ihre Fans unter Kontrolle, indem Sie eine „Null-Toleranz-Richtlinie" gegen Missbrauch und Mobbing befolgen.

- Posten Sie keine Inhalte, die sich auf rechtswidrige Handlungen beziehen.

- Fördern Sie keine rechtswidrigen Verhaltensweisen, Produkte oder Verkäufe auf Ihrer Seite.

- Verkaufen Sie auf Ihrer Seite keine illegalen Produkte oder Dienstleistungen.

- Achten Sie auf Ihr Publikum.

- Bleiben Sie familienfreundlich.

- Veröffentlichen Sie keine Fotos ohne Verweis auf den Urheber oder Genehmigung.

- Posten Sie kein urheberrechtlich geschütztes Material auf Ihrer Seite ohne entsprechende Verweise und Quellen zu nennen.

Das Befolgen der oben aufgeführten Regeln sollte fast alles abdecken. Sie sollten die Regeln stets genau lesen und informiert bleiben, um sicherzustellen, dass Sie die richtigen Regeln befolgen.

6. Schritt: Verwenden Sie Apps, um Ihre Fangemeinde aufzubauen

Apps wie Hootsuite und Twitter bieten Optionen für den Aufbau Ihrer Fangemeinde. Beide dieser Apps können Ihre Posts promoten und cross-promoten, sodass Ihre Fans überall sind und in einem rasanten Tempo wachsen. Um diese Apps zu nutzen, befolgen Sie einfach die folgenden Schritte:

1. Melden Sie sich bei Hootsuite an.

2. Verbinden Sie Ihre Konten mit Hootsuite.

3. Fangen Sie an, Posts mit gekürzten Links und Hashtags zu kreieren.

4. Stellen Sie Timer nach Bedarf.

5. Erhalten Sie auf Ihrer Seite automatische Updates.

Nun zur Monetarisierung

Nachdem Sie jetzt wissen, wie Sie das Verfahren zur Monetarisierung Ihrer Fanpage beginnen, können Sie nun anfangen, echtes Geld zu verdienen. Es stehen zahlreiche Möglichkeiten zur Verfügung, um Ihre Facebook-Seite zu monetarisieren. Sie können mit den folgenden Ideen beginnen und sehen, wohin diese führen. Die Monetarisierung von Facebook-Seiten ist der Weg der Zukunft. Wenn Sie von diesen Methoden keinen Gebrauch machen, dann lassen Sie sich einen Goldesel entgehen, der Ihr Leben verändern könnte. Monetarisierung ist die Chance ihres Lebens. Wenn Sie eine Seite monetarisieren, verdienen Sie Geld an Ihren Fans und Anhängern, um ihnen ein Produkt oder eine Dienstleistung zu bieten, die sie benötigen oder haben wollen. Diese Methoden werden häufig verwendet aber noch sind sie nicht überall bekannt.

Es gibt zahlreiche Möglichkeiten, wie Sie die Sache angehen können und es würde mehrere Kurse erfordern, um sämtliche verfügbare Optionen zur Monetarisierung Ihrer Facebook-Seite gründlich zu erörtern. So umfassend ist das Ganze! Hier sind einige Methoden, damit Sie loslegen können.

Produkte direkt über Facebook verkaufen

Produkte direkt über Facebook zu verkaufen ist eine einfache Möglichkeit, um eine E-Commerce-Website aufzubauen, mit der Sie viel Geld einbringen können. Der Direktverkauf der Produkte erfordert, dass Sie Ihre Seite entsprechend ausbalancieren. Es gibt Dutzende von Produkten, die Sie über Facebook verkaufen können. Sie können dort direkt ein Schaufenster erstellen, das für Ihre Kunden leicht zugänglich ist. Facebook bietet sogar Instrumente, um einen sicheren Check-out ihres Warenkorbs zu gewährleisten. Sie können Shops einrichten, die auf alles Mögliche basieren. Shop-Ideen sind unter anderem:

- Beauty-Produkte

- Produkte zur Selbstverteidigung

- Lebensmittel

- Bekleidungsartikel

- Zubehör

- Werkzeuge

- Produkte für die Aufbewahrung und Ordnung

- Dienstleistungen

- Schmuck

- Musik

- Technologie-Spielzeug

- Gadgets

- Laptops

- Computer-Zubehör

- iPhone-Zubehör

Und vieles mehr!

Es gibt endlose Möglichkeiten, was Sie für Ihren Dropshipping-Shop tun können. Es gibt viele Optionen, um Ihre Seite zu monetarisieren, allerdings stellt die Einrichtung einer Directstore-Fassade eine der einfacheren Möglichkeiten dar, um Geld zu verdienen. Sie müssen hierzu lediglich mit dem Promoten beginnen. Wenn Sie keine Produkte von Drittanbietern verkaufen möchten, dann können Sie Ihren Facebook-Shop auch auf andere Weise nutzen. Wenn Sie Produkte herstellen, kaufen, verkaufen oder tauschen, dann können Sie Fotos dieser Artikel mit einem Preis veröffentlichen. Auf diese Weise können Sie Produkte direkt verkaufen und PayPal verwenden, um Internetnutzer dazu zu bringen, Ihre Waren zu kaufen. Virtuelle Flohmärkte florieren im Moment und stellen eine weitere Möglichkeit dar, direkt über Facebook zu verkaufen und Gewinne zu erzielen.

Verwenden Sie Werbeanzeigen

Die Verwendung von Anzeigen auf Facebook, um Ihre Seite zu promoten, ist der beste Weg, um Traffic anzutreiben und Ihre Seite zu monetarisieren. Mit Anzeigen können Sie den Traffic innerhalb von Facebook direkt zurück auf Ihre Facebook-Seite lenken. Es ist schwierig, die Menschen dazu zu veranlassen, auf Ihre Facebook-Anzeigen zu klicken, da die Menschen nicht in Kauflaune sind. Sie sind im Zeitverschwendungs-Modus und wollen dem entfliehen. Sie können jedoch ihre Wahrnehmung mit ein paar Tricks ändern. Erstellen Sie die Anzeigen mit Bezug auf soziale Medien. Es ist ein mehrstufiger Prozess, um Menschen dazu zu bringen auf Ihre Anzeigen zu klicken, damit Sie dadurch Geld verdienen können. Sie müssen die gesamten Schritte in diesem Leitfaden befolgen, damit es richtig klappt, aber es kann bewerkstelligt werden.

Es kann auch zu Ihrem Vorteil sein, wenn Sie es gleich von Anfang an richtig machen. Das Besondere an Facebook-Anzeigen ist, dass sie auf den Internetnutzer basieren und nicht darauf, wonach sie suchen. Facebook-Anzeigen sind sehr zielgerichtet, und wenn Sie jemals eine Anzeige gesehen und nach Luft geschnappt haben, dann waren Sie wahrscheinlich erstaunt darüber, wie viel es über Sie Bescheid wusste und wonach Sie suchten. Wenn Sie ein aktiver Facebook-Nutzer sind, wissen Sie, was das bedeutet. Diese Anzeigen funktionieren, solange die Menschen sie sehen und im Vergleich zu Adwords und anderen Online-Werbeagenturen sprechen Sie die Kunden auf andere Weise gezielt an. Sie können sich jedoch nicht einzig und allein auf Anzeigen verlassen und daher existieren weitere Optionen, um Ihre Facebook-Seite zu monetarisieren. Anzeigen können blockiert werden und die meisten Leute bemerken Anzeigen nie oder schenken ihnen keine Beachtung.

Lokale Unternehmen, nationale Marken und Marketing-Profis gehen alle unterschiedlich vor. Dennoch haben diese drei Gruppen eine Gemeinsamkeit. Sie alle wollen, dass ihre Anzeigen angeklickt werden, um Geld zu verdienen, Traffic zu erzeugen und mit der Facebook-Monetarisierung erfolgreich zu sein.

Verwenden Sie JVZoo

Programme wie JVZoo helfen Ihnen dabei, Produkte zu finden, die Sie verkaufen können. Wir haben JVZoo bereits in diesem Kurs erwähnt und Sie sollten darauf zurückverweisen, damit Sie erfahren, wie Sie JVZoo in Ihr Facebook-Monetarisierungsprogramm implementieren.

Verwenden Sie das Amazon-Partnerprogramm

Das Amazon-Partnerprogramm ist ein großartiges Programm, um mit Ihrer Fanpage Geld zu verdienen. Sie können reingehen und mehrere Produkte auswählen, die Sie auf Ihrer Fanpage promoten und verkaufen möchten. Es ist ein ausgezeichnetes Programm und gehört zu den besten, die erhältlich sind. Mit diesen Grundlagen können Sie mit Ihrer Fanpage beginnen:

1. Melden Sie sich bei Amazon-Affiliates an.

2. Warten Sie auf Ihre Kontobestätigung.

3. Wählen Sie die Produkte, die Sie auf Ihrer Facebook-Seite verkaufen wollen.

4. Erhalten Sie den Link für die Produkte und verlinken Sie direkt auf Facebook oder über Hootsuite.

5. Warten Sie auf Ihren Profit.

Es ist ein einfacher Prozess, den jeder ausführen kann und für Facebook-Marketing-Einsteiger ist es besonders gut geeignet.

Bauen Sie eine Beziehung auf

Für beständige Konversionen und Einnahmen ist es sehr wichtig, eine Beziehung mit Ihrem Publikum aufzubauen. Das Interesse Ihres Publikums für Ihre Produkte muss geweckt werden. Diese Beziehung aufzubauen erfordert nicht nur Zeit, sondern auch Respekt und Grenzerkennung. Zum Aufbau einer Beziehung gehört:

- Pflege der Integrität

- Zu wissen, dass der Kunde immer recht hat

- Mutiges Marketing

- Ehrliches Marketing

- Etwas zu bieten, das Menschen wirklich brauchen oder wollen

- Das Produkt zu einem fairen Preis anzubieten

- Angemessener Umgang mit Streitigkeiten

Eine Beziehung zu Ihrer Kundschaft aufzubauen ist der beste Weg, um sicherzustellen, dass Ihre Monetarisierungs-Bemühungen maximiert werden und vorteilhaft für Ihr Unternehmen sind.

Optimieren Sie Ihre Facebook-Seite für mobile Geräte

Eine Seite mit Facebook-Tabs zu haben, die auf Handys ausgerichtet sind, stellen einen wichtigen Teil einer funktionellen und monetarisierten Seite dar. Die Mehrheit der Internetnutzer verwendet Facebook auf ihren Handys und eine handyfreundliche Seite ermöglicht es den Nutzern, Ihre Seite für ihre Bedürfnisse den anderen Seiten vorzuziehen. Wenn Sie über verschiedene Kanäle gut erreichbar sind, dann werden mehr Menschen Ihre Seite besuchen. Mehr Zeit auf der Fanpage zu verbringen, könnte höhere Konversionen für Sie bedeuten, wenn es um den Verkauf von Produkten oder Dienstleistungen geht.

Ein Drittel der Facebook-User nutzt Facebook über ihr mobiles Endgerät. Wenn Sie Ihre Seite nicht auf Handys ausrichten, lassen Sie sich eventuell ein Drittel des potenziellen Traffics entgehen. Für eine Seite ist das eine riesige Menge und Sie benötigen so viel Traffic, wie Sie bekommen können, damit Sie auch weiterhin Geld verdienen können. Facebook ist zum Zeitpunkt des Schreibens nicht die handyfreundlichste Website, die es gibt, daher liegt es an Ihnen, das Benutzererlebnis für Ihre Nutzer und Anhänger handygerechter zu gestalten. Sie werden es mehr zu schätzen wissen und Sie erhalten wahrscheinlich bessere Konversionen.

Verwenden Sie die Zeitsensibilität auf kluge Art und Weise

Zur Monetarisierung gehört es dazu, clever zu sein. Zeitkritische Aktionen und Monetarisierung ermöglichen es Ihnen fantastische Angebote zu einem niedrigeren Preis anzubieten, um Traffic, Interesse und noch mehr Likes zu bekommen. Dies kann sich leicht in mehr Umsatz und Gewinn konvertieren.

5. Kapitel: Kostenlose Methoden für den Aufbau eines Follow-Up

Nachdem Sie nun einige unglaubliche Ideen haben, um Ihre Facebook-Seite zu monetarisieren und zusätzliches Einkommen zu generieren, sollten Sie nun damit beginnen, Ihren Traffic und Ihre Fangemeinde aufzubauen und die Zahlen in die Höhe schnellen zu lassen. Wenn Sie bestimmte Unternehmen aufsuchen, um Likes und Anhänger für Sie zu besorgen, kann das sehr teuer sein. Sie werden hierfür wahrscheinlich kein Geld ausgeben wollen. Am besten ist organischer, natürlicher und sauberer Traffic, der auf die Kunden und Suchmaschinen sowie auf die Social-Media-Plattform, die Sie verwenden, einen guten Eindruck macht. Es ist möglich auf ganz legale Weise kostenlos Anhänger und Likes zu bekommen. Diese Methoden erfordern Zeit, um eine enorme Anhängerschaft zu entwickeln, aber Ihr Unternehmen wird dadurch stärker sein. Wenn Sie Traffic und eine Anhängerschaft ernsthaft aufbauen wollen, dann sollten Sie die folgenden kostenlosen Methoden befolgen, um eine Fangemeinde aufzubauen, um die Stars Sie beneiden würden!

1. Schritt: Die gute altmodische Art und Weise

Die altmodische Art und Weise eine Anhängerschaft zu bekommen, umfasst schlicht Ihre Seiten oder Gruppen altern zu lassen. Je länger diese existieren, desto mehr Fans und Anhänger werden aufgebaut und sich entwickeln. Diese Art von Following aufzubauen erfordert Zeit und Geduld, aber es ist nicht die einzige Methode, die zur Verfügung steht. Es ist einfach die bewährte Methode, um kostenlos Anhänger mit minimalem Aufwand zu bekommen. Mundpropaganda verbreitet sich jedoch schnell und je nachdem was Sie anbieten, könnten Sie Anhänger schneller als gewöhnlich gewinnen. Darauf zu warten ist der schwierigste Teil dieser Methode. Kurztipps:

- Posten Sie darüber auf Ihrer persönlichen Seite.

- Bitten Sie Leute darum, auf „Gefällt mir" zu klicken.

- Warten Sie darauf, dass es einsetzt.

2. Schritt: Werbung auf Ihren Blogs

- Auf Ihren eigenen Blogs für Ihre Fanpages Werbung zu schalten ist eine einfache Möglichkeit, Ihren Website-Traffic in Traffic und Likes auf Facebook zu konvertieren. Wenn Sie für Ihre Facebook-Seite oder Gruppe einen entsprechenden Blog haben, dann sollten Sie es promoten, damit Ihre Follower Ihre Seite auch auf Facebook liken. Das kann eine Menge von Kunden und Anhänger anziehen und es kann Ihre Fangemeinde schnell aufbauen. Es ist eine viel schnellere Methode und es sorgt dafür, dass Ihre Fans Ihre gesamten Inhalte liken. Dadurch können Sie Ihre Zielgruppe besser erreichen.

- Kurztipps:

- Gestalten Sie Ihren „Gefällt mir" Kasten auf attraktive Weise und sorgen Sie dafür, dass es nahtlos in Ihr Blog übergeht.

- Lenken Sie Ihre Anhänger dorthin, indem Sie Schaltflächen oder kreatives Grafik-Design nutzen.

3. Schritt: Freunden vorschlagen

Die Funktion „Freunden vorschlagen" ist fantastisch, um zahlreiche kostenlose Likes zu erhalten. Wenn Sie eine große Menge an Freunden haben, sollten Sie kein schlechtes Gewissen haben, so viele wie möglich einzuladen. Die Funktion „Freunden vorschlagen" ist auf eine bestimmte Anzahl von Freunden pro Tag begrenzt, um Spam zu reduzieren. Es ist jedoch eine nützliche Funktion, um Aufmerksamkeit auf Ihre Seite zu lenken, ohne zu betteln. Es ist lediglich ein Vorschlag und Ihre Freunde werden wahrscheinlich darauf eingehen und Ihre Seite liken. Auch wenn sie sich nie in Kunden verwandeln, können sie trotzdem andere Menschen auf Ihre Seite locken, wodurch Sie mehr Kunden und Umsatz gewinnen würden.

Kurztipps:

- Spammen Sie nicht Ihre Freunde.

- Laden Sie jeden Tag die maximale Anzahl ein.

- Wenn ein Freund ablehnt, dann laden Sie ihn nicht wiederholt ein.

- Die Einladung sollte auf nonchalante Weise erfolgen. Lassen Sie es ruhig angehen.

4. Schritt: Folgen Sie anderen Seiten und kommentieren Sie mit Ihrer Seite

Sie können Facebook als Ihre Seite verwenden und Sie können Posts kommentieren, die von anderen Seiten abgegeben wurden. Diese Interaktion ist einfacher als eine Blog-Kommentar-Funktion und es macht zudem viel mehr Spaß. Wenn Sie Facebook bereits verwenden und Posts kommentieren, dann wechseln Sie schnell auf Ihre Seite und beginnen Sie auf den gleichen Seiten zu kommentieren und zu liken. Andere Leute werden auf Sie aufmerksam und sich Ihre Seite ansehen, um mehr über Sie zu erfahren. Es gibt hierfür verschiedene Möglichkeiten:

- Sie können die Kommentare einzeln beantworten.

- Sie können auf die Posts allgemein antworten.

- Sie können Fragen stellen oder Empfehlungen posten.

Diese Methoden sind alle kostenlos, einfach und absolut akzeptabel, um Aufmerksamkeit für Ihre Seite zusammenzutrommeln. Auf diese Weise können Sie eine Menge neuer Fans bekommen und es überrascht Sie vielleicht, wie viel des Traffics sich in Umsatz konvertiert. Posten Sie auf relevanten Seiten, um mehr Aufmerksamkeit zu erhalten. Auch Nachrichtenseiten sind bestens geeignet, um viele Leute für Ihre Seite zu interessieren.

5. Schritt: Hosten Sie Fan-Wettbewerbe

Fan-Wettbewerbe sind eine lustige und einfache Möglichkeit, um eine Menge Likes mit minimalem Aufwand zu erhalten. Verschenken Sie etwas Simples, wenn eine bestimmte Anzahl von Likes erreicht wird. Wenn Sie beispielsweise 500 Likes erhalten, dann könnten Sie einen Geschenkgutschein für 5 $ oder 10 $ verschenken, der für Ihre Produkte gültig ist. Dies ist nur ein Beispiel, aber es gibt Hunderte weitere Möglichkeiten für Likes Gewinnspiele zu hosten und Werbegeschenke zu vergeben. Im Anschluss sollten Sie Ihren Fan dann darum bieten, ein Foto hochzuladen, in dem er oder sie das gewonnene Produkt in den Händen hält und Ihre Seite zu taggen. Dadurch erhält Ihre Seite mehr Likes und Aufmerksamkeit.

Kurztipps:

- Hosten Sie Wettbewerbe für das Erreichen einer bestimmten Menge an Likes.

- Hosten, teilen, liken und kommentieren Sie Wettbewerbe.

- Hosten Sie Wettbewerbe für Vermittlungen und Empfehlungen.

- Hosten Sie Wettbewerbe für das Posten von Fotos.

- Hosten Sie Wettbewerbe für Einladungs-Herausforderungen.

- Hosten Sie Wettbewerbe für Umsatzrekorde, wie beispielsweise wenn Sie Ihre 1000. Verkaufsmarke geknackt haben. Bieten Sie dieser Person einen kostenlosen Artikel.

6. Schritt: Cross-Posten auf Social Media

Das Crossposting auf Social Media ist eine ausgezeichnete Möglichkeit, um ein größeres Following von Ihren Fans zu bekommen. Nutzen Sie Twitter, Google Plus und alle anderen Sozialen Netzwerke, um für Ihre Facebook-Seite zu werben. Durch Crossposting können Sie viel mehr Interesse wecken, anstatt nur auf einer Website zu posten. Socialmedia-Synergie-Apps ermöglichen es Ihnen, dieselbe Informationen schnell und einfach zu cross-posten. Sie können dies sogar mit verkürzten Links tun, für maximale Effizienz und Tagging. Da Facebook jetzt Hashtags unterstützt, können Sie Ihre Posts mit Hashtags versehen, um noch mehr Anhänger zu bekommen.

7. Schritt: Verwenden Sie Follow-Fanpages

Eine „Follow-Fanpage" ist eine Seite, die kreiert wurde, um anderen Fanpages Shout-Outs und Follows zu geben. Es ist im Wesentlichen ein Austausch zwischen Unternehmen, um Anerkennung und Likes zu bekommen. Diese Kreise gibt es für spezifische Nischen und breite Nischen zuhauf. Sie können Ihre Fanpage Basis um mindestens 20 in einem einzelnen Shout-Out-Setting anwachsen lassen. Die wiederholte

Nutzung dieser Stufen wird Ihre Geschäftsseite in einem rasanten Tempo wachsen lassen.

Kurztipps:

- Repräsentieren Sie nicht sich selbst, sondern repräsentieren Sie Ihr Publikum.

- Seien Sie respektvoll, wenn Sie andere Seiten und Posts folgen.

- Beteiligen Sie sich nicht an heftigen Kontroversen, die ein schlechtes Bild auf Ihre Facebook-Seite werfen könnten.

- Seien Sie Ihren Nutzern gegenüber ehrlich und höflich.

- Seien Sie unterhaltsam und anregend.

- Sorgen Sie dafür, dass Sie Kommentare und Antworten von Ihrem Publikum auslösen.

- Posten Sie Links, aber spammen Sie Ihre Links nicht.

- Wenn Sie ein Geschäft verwendet haben, dann hinterlassen Sie eine Empfehlung unter Verwendung Ihrer Geschäftsseite.

8. Schritt: Nutzen Sie Hashtags zu Ihrem Vorteil

Es ist wichtig an den letzten Punkt anzuknüpfen und es verdient einen eigenen Abschnitt. Hashtags sind wichtig. Wenn Sie keine Hashtags verwenden, lassen Sie sich wertvolle Anhänger und wertvollen Traffic entgehen. Facebook unterstützt nun die Verwendung von Hashtags, wodurch Menschen Ihre Seite anhand dieser Tags finden können, wenn sie die Suchfunktion Graph-Search verwenden. Es lohnt sich für jedes Post einige relevante Hashtags oder Keywörter zu benutzen. Übertreiben Sie es mit den Hashtags aber nicht. Für Ihre Leser kann es lästig sein und es kann schwierig werden, zu entschlüsseln, was sie lesen sollen und wofür Sie Werbung machen.

Kurztipps:

- Verwenden Sie Hashtags mit vielen Keywörtern und Hashtag-Phrasen.

- Verwenden Sie diese nicht zu oft.

- Verwenden Sie relevante Hashtags und nicht mehr als fünf davon.

- Ermuntern Sie Kommentatoren dazu auch Hashtags zu verwenden.

6. Kapitel: Kostenpflichtige Methoden, um einen Follow-Up aufzubauen

Kostenpflichtige Methoden verschaffen Ihnen eine Anhängerschaft viel schneller als kostenlose Methoden, aber das bedeutet, dass Sie dafür ein wenig Geld ausgeben müssen, um die Klicks und Likes zu erhalten. Es kann sich allerdings lohnen, wenn Sie nicht darauf warten wollen, dass sich eine natürliche und organische Anhängerschaft entwickelt. Ein bezahltes Following kann wertvoll und nützlich für Ihre Seite sein, aber Sie müssen auf Nummer sicher gehen und darauf achten, dass Sie vorher die geeigneten Quellen durchgehen.

Social Lead Freak

Social Lead Freak ist ein ausgezeichnetes Instrument, um Leads zu Ihren Affiliate-Websites und Links zu bekommen.

Das könnte zu mehr Umsatz und Gewinn führen. Social Lead Freak ist eine Applikation, die Ihnen dabei hilft, das zu bekommen, was Sie sich von Ihrem extrem zielgerichteten Publikum und Fans erhoffen. Es wird verwendet, um Leads von vorhandenen Seiten und Gruppen herauszuschälen, um benutzerdefinierte Zielgruppen für Sie zu erstellen.

FB Lead Chef

In der Anwendung ist FB Lead Chef gleich und es ermöglicht ein zielgerichteteres Publikum, das Sie sonst nicht bekommen würden. Es ist eine weitere Applikation, die Leads auf Ihr Facebook-Konto lenkt. Es ist ein wenig anders als Social Lead Freak, aber wenn beide kombiniert werden, erhalten Sie durch die Verwendung dieser Programme tonnenweise Leads und Follows. Sie helfen Ihnen dabei, hochkonvertierende Leads zu bekommen, die Ihre Gewinne und Ihr Following steigern. Bezahlte Werbung auf Facebook ist eine hervorragende Möglichkeit, um das Following aufzubauen, das Sie sich schon immer gewünscht haben. Es gibt mehrere Optionen, um bezahlte Werbung zu schalten, die Ihnen in nur wenigen Tagen Tausende von Likes verschaffen kann. Dadurch sind Sie mehrere Schritte voraus und es verschafft Ihnen Anhänger, die Sie sonst nicht gehabt hätten. Der von mir erstellte Videokurs wird Ihnen dabei helfen zu verstehen, wie wichtig es ist, geringere Kosten für Klicks und Werbung zu bekommen.

Einen Manager engagieren

Sie können auch einen Manager damit beauftragen, sich für Sie um die Social-Media-Aufmerksamkeit zu kümmern. Das ermöglicht ihnen zu entscheiden, was am besten ist und Ihren Namen bekannt zu machen. Jemanden einzustellen, der das System kennt, kann ein kluger Schachzug sein, wenn Sie nicht hart daran arbeiten wollen, Ihre Seite zu verwalten. Manager werden in der Lage sein, die Posts und Crosspostings für Sie zu kontrollieren, sowie die kostenlosen und kostenpflichtigen Methoden für Facebook-Following zu nutzen. Wir bieten zudem einen speziellen Kurs, wie man eine starke Anhängerschaft mit nur einigen Cents pro Klick mit gezielter Werbung auf Facebook erhalten kann. Das stellt eine der echtesten und stärksten Möglichkeiten dar, um eine große Fangemeinde zu bekommen, die Sie begeistern wird. Wenn Sie nie gedacht hätten, dass Zehntausende von Anhängern möglich seien, dann werden Sie sich noch wundern! Diese Methoden funktionieren und es ist dieselbe Methode, die bereits seit der Einführung von Fanpages von namhaften Marken verwendet wird.

7. Kapitel:
Weitere Methoden zur Monetarisierung

Strategien für schnelles Geldverdienen mittels Facebook sind relativ einfach. Diese Strategien bringen hier und dort ein paar zusätzliche Dollar ein und können Ihr Einkommen aufbessern, was andere Strategien nicht können.

Glauben Sie nicht, dass die Anzahl der Monetarisierungs-Methoden beschränkt ist, die Sie zu Ihrem Vorteil nutzen können. Es gibt Dutzende davon und wir decken nur die besten Strategien ab, um Ihnen dabei zu helfen, das Beste für Ihre Zeit und Ihr Geld zu bekommen.

Recruiting und Kleinanzeigen

Sagen wir, um ein Beispiel zu nennen, dass Ihre Facebook-Seite mehr als 30.000 Fans hat - das ist eine beträchtliche Anzahl von Menschen, die Ihre Seite regelmäßig ansehen. Eventuell haben Sie auch mehr Fans oder weniger. So oder so, wenn Sie so viele Fans haben, dann können Sie damit beginnen, Stellenvermittlungen etwas für Recruiting und Kleinanzeigen zu berechnen. Wenn Ihre Seite für den Stellenmarkt oder für eine spezifische Branche in irgendeiner Weise relevant ist, dann können Sie wahrscheinlich Ihre Fühler nach Unternehmen ausstrecken, die auf der Suche nach qualifizierten Individuen sind. Dadurch können Sie viel Geld verdienen und es ist recht schnell, einfach und macht Spaß. Laut einer Umfrage verwenden 80 Prozent der Personalabteilungen Social Media als Teil des Einstellungsverfahrens. 80 Prozent ist eine große Mehrheit aller existierenden Arbeitsplätze und Sie könnten einen großen Markt erschließen. Außerdem könnten Sie dafür verantwortlich sein, jemandem dabei zu helfen seinen Traumjob zu finden.

Cross-Selling und virtuelles Marketing

Rebranding ist ein großes Geschäft. Sie könnten auf einfache Weise ein Programm auf Ihrer Seite implementieren, das Ihnen ermöglicht, Inhalte zu verkaufen, die Menschen dabei helfen das zu tun, was Sie tun: nämlich Facebook zu monetarisieren. Dieses Cross-Selling-Phänomen kann Sie überall hinführen. Es ist eine hervorragende Plattform, um das Beste aus Ihrem Facebook Marketing herauszuholen. Sie könnten Cross-Selling als Teil Ihrer Marketing-Gesamtkonzeption mit einschließen oder Ihr Marketing könnte ausschließlich aus Cross-Selling bestehen. Wofür Sie sich auch entscheiden, es ist eine schnelle und vereinfachte Möglichkeit, etwas auf Facebook zu vermarkten.

Transaktionsgebühren

Diese bewährte Marketing-Methode für Facebook ist schnell und einfach. Wenn Sie eine große Fangemeinde haben, werden Unternehmen Sie aufsuchen wollen, damit Sie ihre Produkte promoten oder verkaufen. Diese Marketing-Technik ist sehr verbreitet und zahlreiche Menschen nutzen die Vorteile, die sie durch die Verwendung der Transaktionsgebühr-Methode erhalten.

Transaktionsgebühren werden erhoben, bevor Sie Ihre Fangemeinde losschicken, um anderswo Einkäufe zu tätigen. Dritte, die soziale Güter und Dienstleistungen anbieten, florieren im Moment und Sie können daraus Nutzen ziehen, indem Sie eine simple Gebührenstruktur implementieren, um das Beste aus Ihrer Facebook-Marketingstrategie herauszuholen.

Premium-Abonnements und Inhalt

Premium-Abonnements und Inhalte können die Internetnutzer zu besseren und informativeren Inhalten führen, die ihnen auf irgendeiner Weise helfen werden. Die Nutzer könnten gegen eine geringe Gebühr Zugriff auf diese Inhalte erhalten, die sich in einer speziellen Gruppe, auf einer separaten Website oder sogar bei einem externen Website-Host befinden. Sie können diese Informationen gebündelt anbieten und Mikrotransaktionen tätigen, um schnell zusätzliches Geld zu erhalten. Mikrotransaktionen sind im Augenblick der letzte Schrei. Im Wesentlichen handelt es sich dabei um etwas, dass Sie Ihrem Publikum bieten aber einen kleinen Betrag dafür berechnen. Da es so erschwinglich ist, werden sie eher bereit sein es zu kaufen oder darin zu investieren und heutzutage hat jeder ein paar Dollar auf seinem PayPal-Konto, um es für etwas Nützliches auszugeben. Premium-Abonnements können verlängert werden oder Sie könnten stets neue Informationen veröffentlichen, damit die Nutzer ständig zurückkehren. Das Ziel ist es, es klein und aktuell zu halten, damit es immer etwas Neues und Aufregendes für Ihr Publikum gibt.

Webinare sorgen dafür, dass Menschen innerhalb der Community engagiert bleiben, damit es wahrscheinlich ist, dass sie immer wieder zurückkehren werden. Community-Engagement ist ein wichtiger Teil des Marketings und Sie müssen das Interesse Ihres Publikums wach halten und sie beteiligen, um ihre Aufmerksamkeit zu halten, damit sie immer wieder zurückkehren.

Sie müssen allerdings dafür sorgen, dass die Nutzer das Produkt wirklich ihr Eigen nennen wollen. Bieten Sie ein ausgezeichnetes Produkt und machen Sie es von sich reden. Virales Marketing wirkt Wunder, wenn es mit Premium-Abonnements und Inhalten gepaart wird. Sie könnten sich einen umsatzstarken Markt entgehen lassen, wenn Sie sich das nicht zunutze machen.

Aktionen

Es kann für Sie von Vorteil sein, eine starke Fangemeinde zu haben. Wenn Sie Tausende von Anhängern haben, können Sie kleine Gebühren erheben, um schnell Personen, Seiten oder Gruppen zu promoten. Diese Aktionen helfen Ihnen dabei, zusätzliches Einkommen sehr schnell und einfach zu generieren. Um mindestens 10 $ pro Aktion zu verdienen, müssen Sie im Grunde nichts machen. Sie können Sonderangebote erstellen, bei denen ein Kunde eine exklusive Aktion zu einem höheren Preis erhält. Exklusive Aktionen könnten daraus bestehen, dass Sie den Post auf Ihrer Seite hervorheben und es Tausenden Ihrer Fans promoten. Sie könnten auch noch einen Schritt weiter gehen und garantieren, dass sie die einzige Seite sind, die innerhalb eines Tages oder einer Woche eine bestimmte Anzahl von Malen promoted wird. Wenn Sie Aktionen beim Facebook-Marketing als eine Ihrer Strategien verwenden, sind die Möglichkeiten endlos.

Strategien kombinieren

Sie sollten nicht über das Ziel hinausschießen und zu viele dieser Strategien kombinieren. Jedoch kann das Kombinieren von Strategien ein wirksames Instrument sein, um schnell und einfach Geld zu verdienen. Sie sollten ein paar der oben genannten Vorschläge nehmen und diese an rotierenden Tagen kombinieren. Entwickeln Sie eine Strategie, die für Sie funktioniert, und halten Sie sich daran. Wenn etwas nicht funktioniert, dann versuchen Sie die Durchführung Ihrer Strategie zu reorganisieren.

Wofür Sie sich auch immer in Bezug auf Ihre Monetarisierung entscheiden, sollten Sie vorsichtig sein und es mit Posts an jedem beliebigen Tag nicht übertreiben. Oft zu Posten ist eine großartige Möglichkeit, um Ihre Zielgruppe zu fesseln und sicherzustellen, dass Sie genug Traffic generieren, um diesen in Gewinn umzuwandeln. Leider können Sie Ihr Publikum nicht überfordern. Spam und Aktionen sind zwei verschiedene Schuhe und Sie müssen sicherstellen, dass Sie richtig handeln. Sie sollten Ihr Publikum nicht spammen, niemals. Spamming führt schnell dazu, dass Ihre Facebook-Seite oder Gruppe gesperrt wird und Sie können dadurch auch schnell Ihre Fangemeinde verlieren. Spammer sind unbeliebt.

8. Kapitel:
Die Nachbereitung

Dieser Leitfaden wurde speziell für Sie geschrieben. Es wurde geschrieben für Durchschnittsbürger, die ernsthaft und aktiv einem Geschäft nachgehen wollen. Wenn Sie hart arbeiten wollen, um erstaunlich viel Geld mit Facebook-Monetarisierung zu verdienen, dann ist dies der Trick, um es zu schaffen.

Dieser Leitfaden hat verschiedene Bereiche abgedeckt: Wie Sie Ihre Facebook-Seite oder Gruppe erfolgreich beginnen können, eine Fangemeinde aufbauen, und wie Sie Ihr Marketing auf die nächste Ebene voranbringen können. Es ist ein Leitfaden, der auf Erfahrung und Wissen beruht, um Menschen dabei zu unterstützen, das zusätzliche Einkommen zu generieren, von dem sie schon immer geträumt haben. Online Geld zu verdienen ist nicht länger ein Schema, das Unternehmen aufbauen. Es ist eine legitime Möglichkeit, das gewünschte Geld zu verdienen, ohne jemals das Haus verlassen zu müssen. Sie können zu Hause sein und so viel arbeiten wie Sie wollen, um das Geld zu verdienen, was Sie zum Bezahlen Ihrer Rechnungen oder zum Vergnügen benötigen. Letzten Endes ist es wirklich so einfach und dieser Leitfaden dient als Portal zu dieser exklusiven Welt. Erfolg erfordert Zeit. Es gibt verschiedene Schlüssel zum Erfolg, über die Sie Kenntnis haben sollten und auf die Sie sich vorbereiten sollten, um eine blühende Karriere mit Internetmarketing zu machen.

Langsam beginnen und langsam aufbauen

Es gibt keinen Grund zur Eile. Sie sollten langsam anfangen und Ihr Publikum aufbauen, damit Sie einen guten Ruf entwickeln. Dadurch sind die Menschen in der Lage sich auf Ihre Ideen und Ihr Marketing einzustellen, und zwar in einer Weise, die für Sie am effektivsten ist. Sie können nicht mit allem auf einmal beginnen und mit einer geballten Ladung von Informationen und Marketing-Strategien auf Ihr Publikum einstürmen. Sie müssen auf diese Ebene hinarbeiten und erst dann können Sie alle gleichzeitig mit Guerilla-Techniken bestürmen. Schnell zu beginnen ist eine todsichere Methode, um das Rennen am schnellsten zu verlieren. Sie bleiben dadurch eher auf der Strecke, werden nicht in der Lage sein, Ihre Zeit und Aufwand richtig zu verwalten und werden schnell pleitegehen. Für die besten Ergebnisse sollten Sie es langsam angehen.

Seien Sie geduldig

Eventuell ist es erforderlich, dass Sie regelmäßig Ihre Perspektive und Arbeit neu bewerten, um die gewünschten Ergebnisse zu erzielen.

Ihr anfänglicher Plan funktioniert möglicherweise nicht für Ihr Geschäftskonzept oder Ihre Nische. Zu Beginn sollten Sie Ihre Geschäftsstrategie jeden Monat neu bewerten. Nachdem Sie etwas gefunden haben, das funktioniert, ist eine vierteljährliche Neubewertung ausreichend.

Auf dieser Reise ist Geduld Ihr bester Freund und Sie werden dadurch erfolgreich und zufrieden mit den Gewinnen sein, die Sie garantiert mit Internetmarketing auf Facebook erzielen werden. Bei aller Aufgeregtheit über das gesamte Potenzial zum großen Geldverdienen ist es nicht einfach geduldig zu sein. Es ist verständlich Dinge zu überstürzen, aber Sie sollten sich darüber bewusst sein, dass Eile nur dazu führt, dass langfristig gesehen alles länger dauert und mehr Arbeit erfordert.

Ziele setzen

Wenn Sie sich für die Vermarktung Ihrer Facebook-Seite oder Gruppe Ziele setzen, hilft es Ihnen dabei fokussiert zu bleiben. Ohne festgelegte Ziele können Sie nicht erfolgreich sein. Setzen Sie sich beispielsweise folgende Ziele:

- Einkommensziele. Fangen Sie klein an. Beginnen Sie damit sich vorzunehmen 25 $ pro Woche zu verdienen und bauen Sie dann auf.

- Setzen Sie sich Ziele, die auf Anhänger basieren. Setzen Sie sich das Ziel, 100 Fans pro Woche zu bekommen, und erhöhen sie die Anzahl dann auf realistische Weise, sobald Sie mehr Fans gewinnen. Für die besten Ergebnisse sollten Sie im Idealfall pro Woche mindestens 10 Prozent Anstieg in Anhänger und Aktivität erhalten. Mehr ist besser.

- Wählen Sie Ziele, die auf Umsatz basieren. Wenn Sie sich nicht auf Gewinne konzentrieren, denken Sie an Ihre Konversion. Wenn Sie einen bestimmten Konversionsprozentsatz erreichen wollen, dann setzen Sie sich dieses Ziel und arbeiten Sie darauf hin.

- Setzen Sie sich Ziele, die Ihnen dabei helfen, Autorität zu gewinnen. Beginnen Sie damit für einen bestimmten Zeitraum im Geschäft zu bleiben.

- Setzen Sie Interaktionsziele. Setzen Sie sich das Ziel um jeden Preis täglich auf E-Mails zu antworten. Dadurch werden die Menschen Sie auch weiterhin mögen und Ihre Autorität in Ihrer Nische respektieren.

- Setzen Sie sich Ziele in Bezug auf das Aussehen Ihrer Seite. Sie sollten einen frischen Look bewahren, der nicht zu schnell aus der Mode kommt.

Sie können für fast alles Ziele setzen und die oben genannten Ideen sind lediglich dazu gedacht, Sie auf den richtigen Weg zu setzen, um Ihre gewünschten Ziele zu erreichen. Es ist wichtig, dass Sie sich diese Ziele setzen. Ohne Ziele, werden Sie nicht die erforderliche Führung und Disziplin haben, um mit dem Geldverdienen auf Facebook erfolgreich zu sein.

Seien Sie proaktiv und geben Sie nicht auf

Wenn die Lage düster aussieht, kann es eine Herausforderung sein, nicht aufzugeben. Halten Sie durch. Seien Sie weiterhin proaktiv in Bezug auf Ihre gesetzten Ziele. Arbeiten Sie hart daran, Ihre Ziele bezüglich Finanzen und Marketing umzusetzen. Wenn Sie positiv bleiben und diese Ziele aktiv verfolgen, werden Sie Ergebnisse erzielen. Es ist das gleiche Konzept wie alles im Leben. Sie müssen sich dessen nur bewusst sein und positiv bleiben.

Wenn Sie dabei sind, das Marketing mit Facebook aufzugeben, dann lesen Sie die Leitfäden erneut durch und aktualisieren Sie Ihren Plan. Zudem lohnt es sich in neue Materialien zu investieren, damit Sie motiviert bleiben.

Umgeben Sie sich mit Gleichgesinnten

Sich mit gleichgesinnten Geschäftspartnern und Einzelpersonen zu umgeben, ist ein guter Motivator, um mit der Facebook-Monetarisierung erfolgreich zu bleiben. Legen Sie los und networken Sie. Lernen Sie die Community besser kennen, damit Sie sich als seriöse Informations- und Vermarktungsquelle etablieren können. Am meisten hilft es Ihnen involviert zu sein und Sie werden dadurch mehr Erfolg haben. Es ist nützlich, an Kongressen und Tagungen für Internetmarketing teilzunehmen. Lassen Sie sich Visitenkarten drucken und machen Sie sich einen Namen. Je mehr Know-how Sie haben, desto besser kann Ihr Unternehmen werden. Wenn es Ihnen Ernst ist, dann müssen Sie bereit sein, zusätzliche Zeit und Aufwand zu investieren. Tagungen und Kongresse machen Spaß, fesseln und bieten Ihnen interaktive Workshops, die Ihnen alles Wissenswerte über den Aufbau eines Unternehmens und Marketing erklären. Sie werden auch eine Menge Freundschaften mit Leuten schließen können, die Ihre Leidenschaft für den Aufbau von Websites, Marketing und das Internet teilen.

Wie bei allen anderen Interessen, müssen Sie zeigen, dass Sie Feuer und Flamme für Ihre Arbeit sind. Sie müssen keine Leidenschaft für die Produkte haben, die Sie verkaufen, aber ein ernsthaftes Interesse an Internetmarketing macht einen himmelweiten Unterschied aus, wenn es darum geht Freundschaften mit Gleichgesinnten in Ihrer Region und in der ganzen Welt zu schließen.

Finden Sie einen Mentor

Mentorenprogramme sind eine großartige Möglichkeit, um von einer in Facebook-Monetarisierung sehr versierten Person das erforderliche Know-how und Unterstützung zu erhalten. Solche Programme sind überall zu finden. Es ist nur eine Frage der richtigen Person, die mit Ihren Bedürfnissen und Zielen arbeitet und helfen will, diese Ziele zu erreichen. Ein Mentor ist eine großartige Lösung, wenn Sie neu auf diesem Gebiet und unsicher sind, was zu tun ist und einen Anstoß benötigen. Es gibt kostenlose Mentorenprogramme aber auch Mentoren, die einen Premium-Mentorenservice in Rechnung stellen. Sie sollten sich dessen bewusst sein und dementsprechend wählen. Sie kennen vielleicht schon jemand, der Sie motiviert und berät. Das Beste daran ist, dass Sie hierfür nicht in der Nähe Ihres Mentors wohnen müssen, sondern Skype, Telefonanrufe und E-Mails nutzen können.

Kurztipps:

- Wenn Sie keinen Mentor für eine Einzelberatung finden können, dann halten Sie nach jemandem Ausschau, den Sie sich zum Vorbild nehmen können. Lesen Sie deren Blog und imitieren Sie ihre Schritte.

- Entwickeln Sie Ihren eigenen Stil. Anfangs können Sie imitieren, aber Sie sollten die Person nicht direkt kopieren.

- Seien Sie vorsichtig, wen Sie als Ihren Mentor wählen. Sie sollten nach jemandem Ausschau halten, der Ihren Namen gut repräsentiert.

Fazit

Wenn Sie die oben genannten Schritte und Tipps befolgen, werden Sie mit Sicherheit erfolgreich mit Ihren Facebook-Marketingstrategien sein. Sie werden Geld verdienen, Ihre Ziele erreichen und Ihre Träume erfüllen und dabei glücklich sein.

Marketing ist nicht immer der einfachste Weg, aber es macht viel mehr Spaß, als Sie vielleicht denken. Es gibt tonnenweise Verkaufsstellen und Methoden, um mit Facebook Geld zu verdienen und Facebook ist lediglich eine Methode von vielen! Denken Sie an all die Möglichkeiten, wenn Sie damit loslegen sich einen Namen zu machen und sich für Internetmarketing mit Facebook zu engagieren. Klicks,

Werbeanzeigen, Produktverkauf und Networking sind nur ein Teil des Programms und Sie werden eine tolle Zeit damit verbringen, Ihren Namen bekannt zu machen und Geld zu verdienen. Facebook-Marketing ist ein revolutionärer Weg, um Geld zu verdienen und diese Geheimnisse werden Ihnen helfen, das Beste aus Ihrer Facebook-und Marketing-Erfahrung herauszuholen.